# BEI GRIN MACHT SIC
# WISSEN BEZAHLT

- Wir veröffentlichen Ihre Hausarbeit,
  Bachelor- und Masterarbeit

- Ihr eigenes eBook und Buch -
  weltweit in allen wichtigen Shops

- Verdienen Sie an jedem Verkauf

Jetzt bei www.GRIN.com hochladen
und kostenlos publizieren

**Bibliografische Information der Deutschen Nationalbibliothek:**

Die Deutsche Bibliothek verzeichnet diese Publikation in der Deutschen National-
bibliografie; detaillierte bibliografische Daten sind im Internet über http://dnb.d-
nb.de/ abrufbar.

**Impressum:**

Copyright © 2017 GRIN Verlag
Druck und Bindung: Books on Demand GmbH, Norderstedt Germany
ISBN: 9783668845909

**Dieses Buch bei GRIN:**

https://www.grin.com/document/449752

Julian Springer

# SSL/TLS. Sichere Kommunikation im Netzwerk

GRIN Verlag

**GRIN - Your knowledge has value**

Der GRIN Verlag publiziert seit 1998 wissenschaftliche Arbeiten von Studenten, Hochschullehrern und anderen Akademikern als eBook und gedrucktes Buch. Die Verlagswebsite www.grin.com ist die ideale Plattform zur Veröffentlichung von Hausarbeiten, Abschlussarbeiten, wissenschaftlichen Aufsätzen, Dissertationen und Fachbüchern.

**Besuchen Sie uns im Internet:**

http://www.grin.com/

http://www.facebook.com/grincom

http://www.twitter.com/grin_com

FOM Hochschule für Ökonomie & Management Essen

Standort Stuttgart


Berufsbegleitender Studiengang

Wirtschaftsinformatik – Bachelor of Science (B.Sc)


3. Semester


Thema:

SSL/TLS – Sichere Kommunikation im Netzwerk


Autor:          Springer, Julian


Abgabedatum:    30.12.2017

# Inhaltsverzeichnis

## Abkürzungsverzeichnis

| DH | Diffie-Hellman |
|---|---|
| HTML | Hypertext Markup Language |
| HTTP | Hypertext Transfer Protocol |
| IV | Initialisierungsvektor |
| MAC | Message Authentication Code |
| RSA | Rivest, Shamir und Addleman |
| SSL | Secure Socket Layer |
| TLS | Transport Layer Security |
| URL | Uniform Resource Locator |
| WWW | World Wide Web |

# Abbildungsverzeichnis

# 1 Einleitung

## 1.1 Problemstellung

Im Zeitalter des Internets gehen täglich reichlich sicherheitsrelevante Informationen über die elektrischen Leitungen. Das World Wide Web (WWW) ist hierbei eine der wichtigsten Informationsquellen der Menschen auf der Erde. Aufgrund des zunehmenden Anstiegs von Webseiten im Internet, die Dienste für Online Banktransaktionen und Austausch von sensiblen Daten bereitstellen, wurde nach einer Lösung gesucht, die Kommunikation abzusichern.[1] Gleichzeitig nimmt auch die Anzahl der Angriffe zu, die es sich zum Ziel gesetzt haben, sicherheitsrelevante Informationen abzugreifen. Diese Art von Kommunikation beruht im Wesentlichen auf dem Hypertext Transfer Protocol (HTTP). Dieses alleine stellt jedoch keine ausreichende Möglichkeit bereit, die zu übertragenden Daten vollständig zu sichern. Deshalb wurde nach einem anderen Ansatz gesucht. Das Resultat ist Secure Socket Layer (SSL) oder auch Transport Layer Security (TLS).[2]

## 1.2 Zielsetzung und Vorgehensweise

Im Rahmen dieser wissenschaftlichen Arbeit soll dem Leser die Bedeutung der sicheren Kommunikation im Internet erläutert werden, welche sich auf der Basis HTTP, dem SSL/TLS-Protokoll und den Sicherheitsproblemen stützt. Insgesamt ist diese Arbeit in sechs Hauptkapitel untergliedert. In Kapitel 2 erfolgt die Erläuterung zu den Grundlagen in HTTP und deren Authentifizierungsversuche. In Folge dessen wird auf die TLS Protokoll Struktur und im ganz speziellen ausführlich auf den Handshake in Kapitel 3 eingegangen. Die Sicherheitsprobleme bzw. Angriffe auf das Protokoll werden in Kapitel 4 im Detail erklärt. Eine Zusammenfassung und Fazit erfolgt in Kapitel 5. Im letzten Kapitel 6 wird ein Ausblick in die Zukunft gegeben.

# 2 HTTP

Das WWW besteht zum einen aus der Hypertext Markup Language (HTML), mit der man die Struktur von Dokumenten, unabhängig von Anwendungen, beschreiben kann.[3]

---

[1] Vgl. Ristić, I. (2015), S. 1.
[2] Vgl. Dacosta, I., Ahamad, M., Traynor, P. (2012), S. 202.
[3] Vgl. Schwenk, J. (2014), S. 147–148.

2

Zum anderen aus HTTP, welches das Standardprotokoll zum Abrufen von Web Dokumenten ist. HTTP kommuniziert standardmäßig über den Port 80.[4] Die Kommunikation findet zwischen einem Web-Client und Webserver über einen Socket statt. Ein Socket ist die Kombination aus IP-Adresse und Portnummer, die einen Dienst eindeutig im WWW identifiziert.[5] Es ist ein sehr einfaches Protokoll, da nur ein GET Befehl abgesetzt werden muss, dem als Parameter mitgegeben wird, was genau man haben möchte. Entweder der Befehl ist erfolgreich und das angefragte Dokument wird vom Server zurückgegeben oder der Client erhält einen Fehler.[6]

In HTTP werden alle Informationen im Klartext übertragen d. h. jeder kann die Informationen mitlesen und auch jeder kann jeglichen Uniform Resource Locator (URL) abfragen ohne sich dabei authentifizieren zu müssen. Um das zweite Problem der Authentifizierung zu lösen wurden zwei Methoden für HTTP entwickelt und implementiert. Diese zwei Methoden werden im Folgenden näher betrachtet.[7]

**2.1   Basic Authentication**

Als aller erstes wurde die Basic Authentication Methode spezifiziert und in HTTP implementiert. Sie soll vor unautorisiertem Zugriff schützen, jedoch wird hier der Aspekt von Benutzername und Passwort im Klartext nicht betrachtet. Demzufolge sollte diese Methode nur genutzt werden, wenn man ein geschlossenes Netz hat und dem Netzbetreiber vertraut. Sie ist die häufigste Art der HTTP-Authentifizierung.[8]

Der Ablauf ist wie folgt. Zuerst stellt der Client dem Server eine Anfrage an eine bestimmte URL mit dem HTTP-Kommando GET. Zu diesem Zeitpunkt ist noch nicht klar das die angeforderte HTML-Seite zugriffsgeschützt ist. Der Server prüft nun die Anfrage und stellt fest, dass eine Authentifizierung nötig ist. Er antwortet deshalb mit dem HTTP-Statuscode 401. Dieser Statuscode steht für Authorization Required.[9] Zudem hat der Server in seinem Antwortpaket den Header z. B. auf folgendes geändert:

---

[4] Vgl. Davies, J. (2011), S. 38–39.
[5] Vgl. Schwenk, J. (2014), S. 148.
[6] Vgl. Davies, J. (2011), S. 38–39.
[7] Vgl. Javvin Technologies (2005), S. 20.
[8] Vgl. McClure, S., Shah, S. (2003), S. 253–254.
[9] Vgl. Gourley, D., et al. (2002), S. 281–282.

WWW-Authenticate: Basic realm="Zugriffsgeschützt! Bitte geben Sie das Passwort für den Bereich XY ein!"[10]

Auf diese Weise wird dem Client mitgeteilt, welche Art von Authentisierung erforderlich ist. Mit dem zusätzlichen Parameter realm wird eine Beschreibung des geschützten Bereiches dargestellt. Der Browser sucht daraufhin nach einem Benutzernamen und Passwort für die aufgerufene URL oder fordert bei Bedarf den Benutzer auf diese über ein zusätzlich eingeblendetes Fenster einzugeben. Nach der Eingabe codiert der Browser beide Werte in folgender Form durch eine Base64-Codierung und schreibt sie in den Header der HTTP-Anfrage an den Server.[11]

Benutzername:Passwort

Der Parameter im Header wird z. B. wie folgt dargestellt:

Authorization: Basic SnVsaWFuOlNwcmluZ2Vy[12]

Base64 codiert mit Prüfsummenbildung, damit Übertragungsfehler identifiziert werden können. Es schützt jedoch nicht vor Manipulation der Codierung, da der Algorithmus veröffentlicht wurde und somit jeder Angreifer den Benutzernamen und das Passwort codieren und dekodieren kann. Deshalb kann auch eine gültige Prüfsumme erneut errechnet werden. Base64 bietet daher keinen kryptographischen Schutz, weshalb die Basic Authentication nur bei Benutzung von HTTPS als sicher eingestuft werden kann.[13]

Sobald der Server die Zugangsdaten verifiziert hat, wird die gewünschte HTML-Seite an den Client übertragen. Bei jeder weiteren Anfrage des Clients an den Server, sendet dieser immer den Benutzernamen und das Passwort im HTTP-Header mit.[14]

---

[10] Vgl. Oppliger, R. (2003), S. 29.
[11] Vgl. Leach, et al. (1999): HTTP Authentication: Basic and Digest Access Authentication, S. 4–5.
[12] Vgl. Oppliger, R. (2003), S. 31.
[13] Vgl. Alpar, P., et al. (2013), S. 156–157.
[14] Vgl. Oppliger, R. (2003), S. 33–34.

4

## 2.2 Digest Access Authentication

Die Digest Access Authentication wurde nach der Basic Authentication eingeführt, da man mit ihr die offensichtlichen Sicherheitsmängel des Klartext Passworts beseitigen wollte. Zu Beginn wird, wie auch schon bei der Basic Authentication, die Anfrage an den Server geschickt. Dieser antwortet mit dem Statuscode 401. Zusätzlich werden weitere Header-Attribute wie folgt mitgesendet.[15]

WWW-Authenticate:Digestrealm="MeinTestRealm@host.com",
nonce="aba84bc65aff2f0e8b11d0f00589ff3021",
opaque="cd9065aff2f0eaf9f2aa2e95cc9c0ab0"

In Zeile 1 wird nun die Authentifizierungsmethode Digest anstatt Basic angegeben und die Variable realm soll dem Client darstellen für welche Seite er sich authentisieren soll. Die zweite Zeile hat eine weitere Variable nonce, die vom Server bei jedem neuen 401 neu berechnet wird und vom Client als Antwort darauf wiederverwendet werden muss. Die dritte Zeile mit der Variable opaque stellt den Challenge Wert dar, da es sich bei Digest um eine klassische Challenge-Response-Authentisierung handelt.[16] Er wird auch vom Server generiert und bei jeder Übertragung, welche denselben Authentisierungs-Raum adressiert, von Client als auch von Server übermittelt. Sowohl der Wert nonce als auch opaque sind Zufallswerte in Base64- oder Hexadezimal-Codierung.[17]

Der Client muss dem Server nun eine Antwort schicken. Diese beinhaltet den Benutzernamen, gewünschte HTML-Seite und den Response-Wert, welcher implizit das Passwort zum angegebenen Benutzer beinhaltet. Der Response-Wert wird mit einer mathematischen Einwegfunktion wie z. B. MD5 (Message-Digest Algorithm 5) oder SHA (Secure Hash Algorithm) berechnet. Dadurch kann ein möglicher Angreifer das Passwort durch Abhören der Leitung nicht ermitteln.[18]

Nachdem das Paket an den Sender übermittelt worden ist, wird er aus dem zuvor schon gehashten Benutzernamen mit Passwort und realm-Wert aus der Passwortdatei, dem

[15] Vgl. Gourley, D., et al. (2002), S. 286–287.
[16] Vgl. Leach, et al. (1999): HTTP Authentication: Basic and Digest Access Authentication, S. 7–8.
[17] Vgl. Sorge, C., Iacono, L., Gruschka, N. (2013), S. 212–213.
[18] Vgl. van Tilborg, H., Jajodia, S. (2014), S. 565–566.

übermittelten nonce-Wert, sowie der gewünschten Seite einen Hash errechnen. Dieser Hash wird dann mit dem übermittelten response-Wert verglichen. Falls diese übereinstimmen, erhält der Client die gewünscht HTML-Seite.[19]

Das Passwort bleibt geheim, jedoch wird die HTML-Seite weiterhin unverschlüsselt übertragen, weshalb ein Angreifer diese trotzdem aufzeichnen kann. Aufgrund dieser Tatsache wird diese Art von Authentisierung nicht sehr häufig verwendet. Stattdessen verwendet man die Basic Authentication für sicherheitsunkritische Anwendungen während für sicherheitskritische Anwendungen eine Verschlüsselung wie z. B. SSL/TLS verwendet wird, die den kompletten Datenverkehr sicher macht.[20]

## 3   Secure Socket Layer und Transport Layer Security

SSL ist ein Protokoll zur sicheren Kommunikation in Netzwerken. Das Ziel von SSL ist es die Privatsphäre und Zuverlässigkeit zwischen zwei Kommunikationspartner sicherzustellen.[21] Die kryptographische Sicherheit spielt die Hauptrolle, um eine sichere Verbindung zwischen zwei Parteien herzustellen, die sicher miteinander kommunizieren möchten. Daher wurde das Protokoll so entwickelt, dass Schnittstellen zu anderen herkömmlichen kryptographischen Standards hergestellt werden können. TLS ist daher ein Framework, welches stetig durch neue Verschlüsselungsalgorithmen und Hash-Funktionen erweitert werden kann. Nicht zuletzt dürfen die genannten Ziele die Performance nicht maßgeblich beeinflussen und somit muss die Dauer der kryptographischen Berechnungen auf ein Minimum reduziert werden.[22]

Die letzte SSL Version ist 3.0. SSL wurde ursprünglich von Netscape entwickelt und im Jahr 1999 veröffentlicht. Die Organisation IETF (Internet Engineering Task Force), die für Standardisierungen von Protokollen zuständig sind, hat dies auch bei SSL getan. Daraus entstand dann deren eigene Version, die heutzutage TLS genannt wird. TLS ist aktueller Standard. Es wird aber oft von SSL gesprochen auch wenn TLS gemeint ist, da diese Bezeichnung noch bekannter ist.[23]

---

[19] Vgl. Kriha, W., Schmitz, R. (2008), S. 128.
[20] Vgl. Schmeh, K. (2006), S. 352–353.
[21] Vgl. McKinley, H. (2003), S. 3.
[22] Vgl. Ristić, I. (2015), S. 1–2.
[23] Vgl. Vandeven, S. (2013): SSL/TLS: What's Under the Hood, S. 4.

6

## 3.1 Protokollstruktur

HTTP setzt sehr häufig TLS ein, um die Kommunikation zu sichern. Es kann aber auch jedes andere Anwendungsprotokoll mit TLS verschlüsselt werden, da TLS unabhängig von dem jeweiligen Anwendungsprotokoll ist.

In Anlehnung an das OSI Model befindet es sich zwischen Applikations- und Transportschicht wie in Abbildung 1 dargestellt. Es ist in zwei Schichten aufgeteilt. Das erste ist das Record Protocol, welches direkt über der Transportschicht einzuordnen ist. Es ist ein zuverlässiges und verbindungsorientiertes Transportprotokoll, dessen Aufgabe es ist das darüberliegende Protokoll in Datenblöcke zu unterteilen, Daten bei Bedarf zu komprimieren, einen Message Authentication Code (MAC) hinzuzufügen und schlussendlich die Daten zu verschlüsseln.[24] Die zweite Schicht besteht aus dem Handshake-, Change-CipherSpec- und Alert Protocol, die alle eine spezielle Aufgabe im Verlauf der Kommunikation haben. Die Anwendungsdaten sind dort ebenfalls einzuordnen.[25]

*Abbildung 1: Aufbau des TLS Protokolls*

| Anwendung | | | |
|---|---|---|---|
| Handshake Protocol | Change Cipher Spec Protocol | Alert Protocol | Anwedungs-daten |
| Record Protocol | | | |
| TCP | | | |

Quelle: Eigene Darstellung

Damit das TLS Record Protocol eine geschützte Verbindung aufbauen kann, benötigt man aber erstmal eine Reihe von Spezifikationen, wie der Cipher-Suite, einem Master Secret und generierte Zufallszahlen von Client und Server. Die Cipher-Suite ist eine Sammlung aus Algorithmen für Authentisierung, Verschlüsselung und einer Hashfunktion, die zwischen Client und Server ausgehandelt werden. Die Kompressionsalgorithmen und Zufallswerte von Client und Server werden in den sogenannten Hello-Nachrichten, die im Handshake Protocol vorkommen, ausgetauscht. Auf diese wird in Kapitel 3.5.1

---

[24] Vgl. Vandeven, S. (2013): SSL/TLS: What's Under the Hood, S. 8–9.
[25] Vgl. Thomas, S. (2000), S. 70–71.

und Kapitel 3.5.2 näher eingegangen. All diese Informationen sind notwendig um das Master Secret zu berechnen, welches maßgeblich für die Verschlüsselung ist. [26]

## 3.2 ChangeCipherSpec Protocol

Das ChangeCipherSpec Protocol wird benutzt, um eine Änderung der Verschlüsselung einzuleiten. Es wird normalerweise im Handshake Prozess verwendet, um von asymmetrischer- auf symmetrische Verschlüsselung zu wechseln. Es ist ein eigenes Protokoll, da TLS-Nachrichten über Records, sprich einer TLS-Dateneinheit verschlüsselt werden. Es können mehrere Nachrichten vom selben Typ wie z. B. der Handshake-Nachrichten in einem Record zusammengefasst werden.[27] Die ChangeCipherSpec-Nachricht verändert aber die Verschlüsselungseinstellungen und auf ein Record darf nur ein Satz von kryptographischen Algorithmen angewandt werden, weshalb es unerwünscht ist und als eigenständiges Record gesendet werden muss.[28] Es wurde daher ein eigenes Protokoll definiert, da Records verschiedener Protokolle nicht zusammengefasst werden dürfen.[29] Demzufolge sollte sofort nach Einleitung einer ChangeCiperSpec-Nachricht ein neues Record beginnen, damit die neuen Einstellungen direkt auf die darauffolgenden Records umgesetzt werden. Im Sinne der Sicherheit ist es teilweise sogar sehr wichtig, dass schon die Finished-Nachricht die neue Verschlüsselung und MAC verwendet.[30]

Das Protokoll besteht aus einer einzigen Nachricht, welche ein Byte mit dem Wert 1 beinhaltet. Die ChangeCipherSpec-Nachricht wird von Client als auch von Server gesendet um den jeweiligen Empfänger über die neu verhandelten Algorithmen zu benachrichtigen und dessen Record Protocol zu instruieren, dass ab sofort nur noch mit den neuen Algorithmen verschlüsselt wird.[31]

---

[26] Vgl. Dierks, T., Rescorla, E. (2008): The Transport Layer Security (TLS) Protocol Version 1.2, S. 63.
[27] Vgl. Kriha, W., Schmitz, R. (2008), S. 141–142.
[28] Vgl. Schwenk, J. (2010), S. 98.
[29] Vgl. Oppliger, R. (2016), S. 70–71.
[30] Vgl. Rhee, M. (2003), S. 289–290.
[31] Vgl. Miller, M. (2010), S. 837.

8

## 3.3  Record Protocol

Das Record Protocol ist ein Schichtenprotokoll, welches über der Transportschicht liegt.[32] Es nimmt zu sendende Nachrichten der Applikationsschicht, fragmentiert sie in Datenblöcke (Records), komprimiert diese optional, wendet die MAC für den Integritätsschutz an, verschlüsselt und verschickt das Ergebnis. Bei empfangenen Nachrichten wird entschlüsselt, verifiziert, optional dekomprimiert und fragmentierte Datenblöcke wieder zusammengesetzt.[33] Es bauen vier weitere Protokolle auf dem Record Protocol auf.[34]

## 3.4  Alert Protocol

Beim TLS-Protokoll kann es auch wie bei jedem anderen Protokoll zu Fehlern oder Missverständnisse zwischen den Kommunikationspartner kommen. Um diese Fehler der anderen Partei mitzuteilen, benötigt man eine Reihe von Fehlermeldungen. Diese Fehlermeldungen sind im Alert Protocol zusammengefasst und werden anhand von zwei Bytes beschrieben.[35]

Das Alert Protocol besteht aus einer Alert-Nachricht, die in zwei Kategorien von Grad des Fehlers einzuteilen ist. Es gibt den Warning- und den Fatal-Fehler, die je durch das erste Byte der Alert-Nachricht definiert werden. Das zweite Byte beschreibt den Fehler genauer. Bei Fatal-Fehlern muss die aktuelle Verbindung sofort beendet werden und die Session-ID als ungültig gekennzeichnet werden. Die Folge daraus ist, dass keine neuen TLS-Verbindungen mit den ausgehandelten Parametern aufgebaut werden können. Es muss ein neuer Handshake erfolgen.[36]

Eine dieser Alert-Nachrichten heißt close_notify und teilt dem Kommunikationspartner das Ende der Sitzung mit. Alle Daten die nach einem close_notify beim Empfänger ankommen werden ignoriert. Andere Alerts beziehen sich beispielsweise auf die Gültigkeit der verwendeten Zertifikate oder auch auf die Protokollsyntax.[37]

---

[32] Vgl. Dong, L., Chen, K. (2012), S. 154.
[33] Vgl. Oppliger, R. (2016), S. 92.
[34] Vgl. Pérez, A. (2014), S. 111.
[35] Vgl. Ristić, I. (2015), S. 47.
[36] Vgl. Oppliger, R. (2016), S. 71–73.
[37] Vgl. Bishop, M. (2003), S. 297–298.

## 3.5 Handshake Protocol

Eine SSL Kommunikation beginnt immer mit einem Handshake, wie in Abbildung 2 dargestellt. Darauf folgt ein Austausch zwischen Client und Server über mehrere verschiedene Nachrichten bis die Kommunikation letztendlich als sicher eingestuft wird. Dieser Vorgang wird als SSL/TLS Handshake Prozess bezeichnet.[38]

*Abbildung 2: Überblick TLS Handshake*

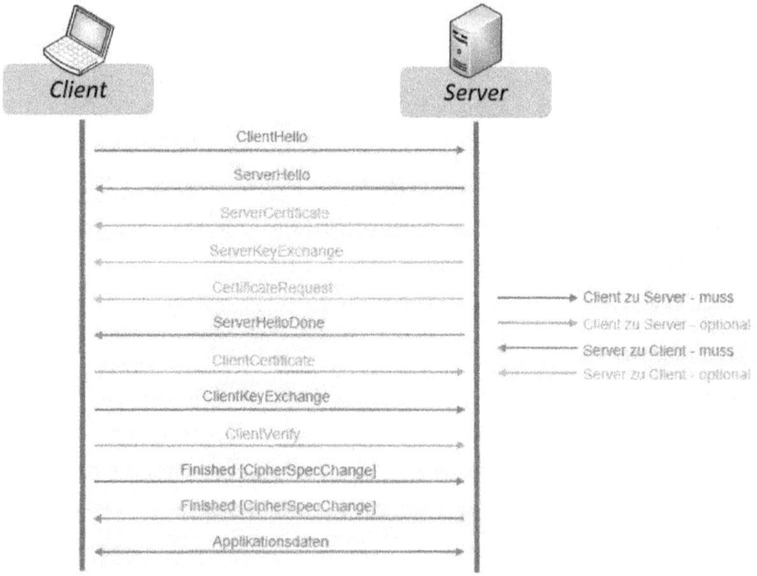

Quelle: Eigene Darstellung

### 3.5.1 ClientHello

Sobald der Client die TCP Verbindung aufgebaut hat, beginnt die Verhandlung der TLS-Parameter zwischen Client und Server. Dabei ist das ClientHello die erste Nachricht, die vom Server beim Verbindungsaufbau erwartet wird. Es kann aber auch als Antwort auf einen HelloRequest oder um die Sicherheitsparameter bei einer bestehenden Verbindung

---

[38] Vgl. Kemmerer, C. (2015): The SSL/TLS Handshake: an Overview

neu zu verhandeln, gesendet werden.[39] Der Client sendet dem Server folgende Sicherheitsparameter:

- Die höchste TLS Version, welche vom Client unterstützt wird
- 32 Byte lange Zahlenfolge, die aus 28 Byte Zufallszahl und einem 4 Byte aktuellen Zeitstempel besteht und in den späteren Phasen verwendet wird[40]
- Eine Session-ID, die der Client für die Kommunikation nutzen möchte[41]
- eine Liste seiner unterstützten Cipher-Suiten sortiert nach seinen Präferenzen,
aber vorzugsweise nach Stärke des Algorithmus. Jede Cipher-Suite definiert dabei
eine Kombination aus Schlüsselaustausch-, Authentifizierung-, Hashfunktions-
und Verschlüsselungsalgorithmus. Sie wird durch 2 Byte repräsentiert.[42] Eine
vollständige Liste dieser Werte wird durch die Organisation IANA (Internet As-
signed Numbers Authority) gepflegt und ist auf deren Website einzusehen[43]
- eine Liste von Kompressionsmethoden die der Client unterstützt. Dieser Parameter ist optional

Nachdem der Server die ClientHello-Nachricht versendet hat, wartet er auf eine
ServerHello-Nachricht. Falls er irgendeine andere Handshake-Nachricht außer dem ServerHello oder HelloRequest bekommt, wird es als fatal-error behandelt und somit abge-
brochen.[44]

### 3.5.2 ServerHello

Der Server wird diese Nachricht als Antwort auf einen ClientHello senden, wenn eine
übereinstimmende Cipher-Suite zwischen Client und Server gefunden wurde. Der Server
schickt dem Client folgende Parameter:

- Die höchste übereinstimmende TLS-Versionsnummer zwischen Client und Server[45]

[39] Vgl. Kwiecien, A., Gaj, P., Stera, P. (2013), S. 261.
[40] Vgl. Chacko, A., et al. (2017): SSL Introduction with Sample Transaction and Packet Exchange
[41] Vgl. Davies, J. (2011), S. 307.
[42] Vgl. Dierks, T., Rescorla, E. (2008): The Transport Layer Security (TLS) Protocol Version 1.2, S. 38–40.
[43] Vgl. Bundesamt für Sicherheit in der Informationstechnik (2017): Kryptographische Verfahren: Empfeh-lungen und Schlüssellängen, S. 6.
[44] Vgl. Goswami, S. (2003), S. 159.
[45] Vgl. Fischer, S., et al. (2013), S. 140.

- Eine 32 Byte lange Zahlenfolge, die wie schon beim ClientHello aus 28 Byte Zufallszahl und einem 4 Byte aktuellen Zeitstempel besteht, jedoch unabhängig von der ClientHello Zahlenfolge generiert ist[46]

- Eine Session ID, damit der Client die Session zukünftig wiederverwenden kann. Dies ist jedoch optional und kann je nach Bedarf auf dem Server konfiguriert werden[47]

- Die übereinstimmende Cipher-Suite zwischen Client und Server

- Ein übereinstimmender Kompressionsalgorithmus, der vom Server aus der Liste des ClientHello entnommen wurde[48]

Falls keine passende Cipher-Suite gefunden wurde, wird stattdessen mit einem handshake-failure-alert geantwortet.[49]

### 3.5.3 ServerCertificate

Der Server sendet dem Client parallel zum ServerHello ein ServerCertificate, falls die gewählte Cipher-Suite dies erfordert. Diese Nachricht beinhaltet die komplette Server Zertifikatskette in einer Liste. Das Zertifikat des Servers ist an erster Stelle in der Liste und jedes weitere Zertifikat in der Liste muss das vorherige validieren. Das Zertifikat muss vom Typ X.509v3 sein. Es beinhaltet den öffentlichen Schlüssel, der zur Verschlüsselung verwendet wird.[50]

### 3.5.4 ServerKeyExchange

Diese Nachricht wird sofort nach der ServerCertificate-Nachricht gesendet, falls diese nicht genug Informationen enthält, um das Premaster Secret zu berechnen und den Austausch zum Client zu ermöglichen.[51]

---

[46] Vgl. Dierks, T., Rescorla, E. (2008): The Transport Layer Security (TLS) Protocol Version 1.2, S. 41.
[47] Vgl. Thomas, S. (2000), S. 79–80.
[48] Vgl. Dierks, T., Rescorla, E. (2008): The Transport Layer Security (TLS) Protocol Version 1.2, S. 42.
[49] Vgl. Rhee, M. (2003), S. 286.
[50] Vgl. Dierks, T., Rescorla, E. (2008): The Transport Layer Security (TLS) Protocol Version 1.2, S. 47–50.
[51] Vgl. GUPTA, P. (2014), S. 286.

### 3.5.5 CertificateRequest

Mit dieser Nachricht kann der Server vom Client ein Zertifikat anfordern, falls es von der ausgewählten Cipher-Suite gefordert wird. Die CertificateRequest-Nachricht folgt gleich nach der ServerKeyExchange-Nachricht oder falls diese nicht gesendet wird, direkt nach der ServerCertificate-Nachricht.[52]

### 3.5.6 ServerHelloDone

Die ServerHelloDone-Nachricht wird vom Server an den Client gesendet, um dem Client das Ende des ServerHello und dessen dazugehörige Nachrichten zu signalisieren. Der Server wartet daraufhin auf eine Antwort des Clients. Der Client sollte nun verifizieren, dass das bereitgestellte Zertifikat vom Server valide ist und die Parameter des ServerHello akzeptabel sind.[53]

### 3.5.7 ClientCertificate

Das ist die erste Nachricht, die der Client nach dem Erhalten des ServerHelloDone's senden darf. Diese Nachricht wird nur gesendet, wenn der Server ein Client-Zertifikat angefordert hat. Diese Nachricht muss versendet werden, auch wenn der Client kein passendes Zertifikat hat. Falls dies der Fall ist, darf der Client die Nachricht ohne ein Zertifikat senden. Sendet er diese Nachricht nicht, kann der Server die Verbindung abbrechen oder aber auch den Handshake ohne Authentifizierung des Clients weiter fortführen.[54] Diese Nachricht beinhaltet die gesamte Server-Zertifikatskette in einer Liste. Das Zertifikat des Clients ist an erster Stelle in der Liste und jedes weitere Zertifikat in der Liste muss das vorherige validieren. Das Zertifikat muss vom Typ X.509v3 sein, außer wenn es explizit anders ausgehandelt worden ist wie es z. B. bei TLSPGP der Fall ist.[55]

### 3.5.8 ClientKeyExchange

Diese Nachricht muss sofort nach der ClientCertificate-Nachricht gesendet werden außer es wurde kein Client-Zertifikat angefordert. Falls kein Client-Zertifikat angefordert

---

[52] Vgl. Miller, M. (2010), S. 844.
[53] Vgl. Davies, J. (2011), S. 328.
[54] Vgl. Fischer, S., et al. (2013), S. 142.
[55] Vgl. Beutelspacher, A., Neumann, H., Schwarzpaul, T. (2009), S. 281.

wurde ist es die erste Nachricht die vom Client gesendet wird direkt nach dem Server-HelloDone. Der Inhalt der Nachricht hängt von dem gewählten Algorithmus für den öffentlichen Schlüssel ab. Entweder der Client verschlüsselt direkt das Premaster Secret durch Rivest-Shamir-Addleman (RSA) oder überträgt die notwendigen Diffie-Hellman (DH) Parameter für die Schlüsselvereinbarung und Authentifizierung.[56]

### 3.5.8.1 RSA-Verschlüsselte Premaster Secret

Wenn RSA für die Serverauthentifizierung und den Schlüsselaustausch genutzt wird, dann wird ein 48-Byte langes Premaster Secret vom Client generiert, mit dem öffentlichen Schlüssel des Server-Zertifikats verschlüsselt und an den Server gesendet. Diese Nachricht ist eine Variante der ClientKeyExchange-Nachricht und keine eigene Art.[57] Der Sever kann dann die Nachricht mit Hilfe seines privaten Schlüssels entschlüsseln. Client und Server werden danach das Premaster Secret zum Master Secret konvertieren.[58]

### 3.5.8.2 Client Diffie-Hellman Public Value

Falls DH für die Server Authentifizierung und den Schlüsselaustausch genutzt wird, werden die notwendigen Parameter implizit oder explizit übertragen. Implizit bedeutet in diesem Kontext, dass der Client bereits ein Client-Zertifikat an den Server gesendet hat, welches alle Parameter enthält und daher eine leere ClientKeyExchange-Nachricht als Antwort ausreichend ist. Falls dies nicht der Fall war müssen die Parameter explizit übertragen werden d. h. sie werden in der ClientKeyExchange-Nachricht an den Server geschickt.[59]

### 3.5.9 ClientCertificateVerify

Optional hingegen ist die ClientCertificateVerify-Nachricht. Falls das Zertifikat signierbar ist, findet eine explizite Verifikation des Client-Zertifikates statt. Damit wird sichergestellt, dass der Client auch im Besitz des privaten Schlüssels ist und somit der ist, für den er sich ausgibt. Diese Nachricht folgt direkt der ClientKeyExchange-Nachricht.[60]

[56] Vgl. Dierks, T., Rescorla, E. (2008): The Transport Layer Security (TLS) Protocol Version 1.2, S. 56.
[57] Vgl. Oppliger, R. (2016), S. 66–67.
[58] Vgl. Dierks, T., Rescorla, E. (2008): The Transport Layer Security (TLS) Protocol Version 1.2, S. 64.
[59] Vgl. Dierks, T., Rescorla, E. (2008): The Transport Layer Security (TLS) Protocol Version 1.2, S. 60.
[60] Vgl. Rhee, M. (2003), S. 288–289.

### 3.5.10 ChangeCipherSpec

Ab diesem Zeitpunkt werden die ausgehandelten kryptographischen Algorithmen und Schlüssel für die gesamte Kommunikation verwendet d. h. das TLS-Record Protocol nutzt diese nun zum Verschlüsseln der Daten wie in Kapitel 3.1 beschrieben.[61]

### 3.5.11 Finished

Die Finished-Nachricht ist die erste geschützte Nachricht. Mit dieser Nachricht wird bestätigt, dass der Schlüsselaustausch und die Authentifizierung erfolgreich waren. Es wird nun ein Hashwert aus allen ausgetauschten Nachrichten berechnet, damit der Empfänger der Finished-Nachricht den Inhalt auf Korrektheit verifizieren kann. Nachdem dies geschehen ist, können alle darauffolgenden Nachrichten, die die Daten enthalten, sicher übertragen werden.[62]

## 4 Sicherheitsprobleme

In den letzten Jahren wurden immer wieder gravierende Sicherheitslücken im TLS/SSL-Protokoll und dessen Implementierung bekannt. Zwei Angriffe werden im Folgenden beschrieben.

### 4.1 BEAST

Dieser block-wise-chosen-plaintext-Angriff wurde 2011 mit der Bezeichnung BEAST (Browser Exploit Against SSL/TLS) veröffentlicht. Der Angriff richtet sich gegen die Implementierung der Verschlüsselung mit Blockchiffren im Cipher Block Chaining (CBC) Modus in TLS 1.0. Um den Angriff zu verstehen sind erst einmal ein paar Grundlagen notwendig.[63]

Eine Blockchiffre ist ein kryptographisches Werkzeug, welches einen kleinen Teil der Klartextdaten in einen gleich großen Teil der verschlüsselten Daten basierend auf einem geheimen Schlüssel verschlüsselt. In der Praxis ist es gewünscht mit einer Blockchiffre mehr als nur einen Datenblock gleichzeitig zu verschlüsseln wie z. B. bei einer AES (Ad-

---

[61] Vgl. Schwenk, J. (2014), S. 169.
[62] Vgl. Oppliger, R. (2016), S. 69.
[63] Vgl. Common Vulnerabilities and Exposures (2011): CVE-2011-3389

vanced Enryption Standard) 16-Byte-Blockchiffre, die eine 256-Byte-Nachricht verschlüsseln soll.[64] Der erste Gedanke ist, dass die Nachricht in 16-Byte-Blöcke geteilt werden und danach einzeln verschlüsselt werden. Dieses Verfahren wird als ECB (Electronic Code Book) bezeichnet und ist veraltet. Es hat ernsthafte Probleme, wenn derselbe 16-Byte-Block mehrfach im Klartext vorkommt, denn dann hat der Chiffriertext auch die exakten Blöcke an der gleichen Stelle.[65]

Daher wird das CBC-Verfahren eingesetzt. Mit CBC wird der erste zu verschlüsselnde Chiffriertext mit einem zusätzlichen Zufallsblock, auch Initialisierungsvektor (IV) genannt, per xor verknüpft und verschlüsselt. Alle weiteren Klartextblöcke werden mit dem vorherigen Chiffriertext, durch xor verknüpft und dann verschlüsselt.[66]

TLS hat vor der Version 1.1 einen Fehler gemacht. Anstatt für jede gesendete TLS-Nachricht einen neuen zufälligen IV zu verwenden, benutzten sie den Chiffriertext des letzten Blocks der letzten Nachricht, als IV für die nächste Nachricht. Ein IV soll nicht nur zufällig sein, sondern darf auch nicht vorhersehbar sein. Bei dieser Implementierung jedoch kann er vorhergesehen werden. Indem bekannt ist, dass IV x für die nächste Nachricht verwendet wird und der Angreifer eine Nachricht mit einem Klartextblock von [(NOT x) xor y] absetzt, wird y verschlüsselt.[67]

Wei Dai und Gregory V. Bard fanden beide Wege dies auszunutzen, um herauszufinden, ob ein bestimmter Chiffriertextblock einem gegebenen Klartext entspricht. Der Angreifer veranlasst den Benutzer C' xor p zu verschlüsseln, wobei p der erratene Klartext ist und C' der Chiffriertext-Block direkt vor der Stelle, an der der Angreifer den Klartext vermutet. Wenn der Angreifer richtig geraten hat, dann gibt die SSL-Implementierung des Benutzers den gleichen Chiffriertext aus wie bei der ersten Verschlüsselung des Blocks.[68]

In Version 1.1 des TLS-Protokolls erhält jeder Datensatz einen neuen IV, so dass der Angreifer den IV der nächsten Nachricht nicht im Voraus erkennen kann und der Angriff dadurch nicht mehr möglich ist.[69]

---

[64] Vgl. Paar, C., Pelzl, J. (2016), S. 143–144.
[65] Vgl. Kuhlemann, O. (2017): Electronic Code Book Modus
[66] Vgl. Ristić, I. (2015), S. 192–193.
[67] Vgl. Paar, C., Pelzl, J. (2016), S. 148–151.
[68] Vgl. Balasinor, A. (2013): SSL/TLS attacks: Part 1 – BEAST Attack
[69] Vgl. Santos, O. (2011): Beat the BEAST with TLS 1.1/1.2 and More

## 4.2 Triple Handshake Angriff

Der TLS Triple Handshake Angriff ist ein Man-in-the-Middle Angriff, der sich die fehlende Übereinstimmungsprüfung bei X.509-Server-Zertifikaten während der Neuverhandlung bei einer Sitzungswiederaufnahme von TLS zur Nutze macht.[70] Der Angriff erfolgt in drei Schritten:

Im ersten Schritt, wie in Abbildung 3 dargestellt, verbindet sich der Client C, im guten Glauben, zu Server A. Dann verbindet sich Server A als Client zu Server S und verwendet dabei dieselbe Zufallszahl (cr), die er vom Client erhalten hat. Server A erhält von Server S die Zufallszahl (sr) und Session ID (sid), welche er an den Client weiterleitet. Ferner fordert A den Client und Server S auf RSA zu verwenden, indem er beiden nur bestimmte Cipher-Suiten anbietet. Daraufhin nimmt A das verschlüsselte Premaster Secret von C, entschlüsselt es, verschlüsselt es erneut und sendet es an S.[71] Es werden beide Handshakes fertiggestellt, um eine neue Verbindung auf jeder Seite zu erhalten. Beide Verbindungen verwenden nun denselben Schlüssel und die Verbindungsparameter wie z. B. Session ID, Master Secret (ms), Zufallszahl von Client und Server. Sie haben jedoch verschiedene Server-Zertifikate und Finished-Nachrichten, weshalb die Handshake Hashes nicht identisch sind und dadurch im ersten Schritt noch alles sicher ist.[72]

---

[70] Vgl. Common Vulnerabilities and Exposures (2014): CVE-2014-1295
[71] Vgl. Bhargavan, K., et al. (2014): Triple Handshakes and Cookie Cutters: Breaking and Fixing Authentication, S. 10.
[72] Vgl. Green, M. (2014): Attack of the Week: Triple Handshakes (3Shake)

*Abbildung 3: Phase 1 - Vertrauliche Verbindungsparameter abgreifen*

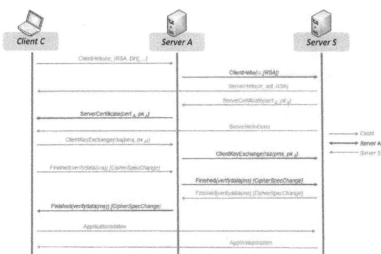

Quelle: Eigene Darstellung

Im zweiten Schritt, wie anhand von Abbildung 4 verdeutlicht, möchte C sich mit A wiederverbinden und mit der zuvor initiierten Verbindung fortfahren. A macht daraufhin das Gleiche mit S. Da die zuvor ausgetauschten Verbindungsparameter bei einer Wiederaufnahme bzw. Neuverhandlung dieselben sind, kann A den verkürzten Handshake unverändert an C und S weiterleiten.[73] Dadurch haben die zwei neuen Verbindungen nicht nur die gleichen Verbindungsparameter, sondern nun auch die gleichen Finished-Nachrichten. Das Bedeutet, dass die Verbindung nun auch wirklich zustande kommt und A somit Daten an C und S senden kann.[74] Die erfolgreiche Verifizierung des Finished-Nachrichten wird in Form einer sogenannten Renegotiation Indication Extension (cvd, svd) auf beiden Seiten für die nächsten Handshakes gespeichert.[75]

---

[73] Vgl. Bhargavan, K., et al. (2014): Triple Handshakes and Cookie Cutters: Breaking and Fixing Authentication, S. 10.

[74] Vgl. Green, M. (2014): Attack of the Week: Triple Handshakes (3Shake)

[75] Vgl. Rescorla, E., et al. (2010): Transport Layer Security (TLS) Renegotiation Indication Extension, S. 3–4.

18

*Abbildung 4: Phase 2 - Wiederaufnahme der Verbindung*

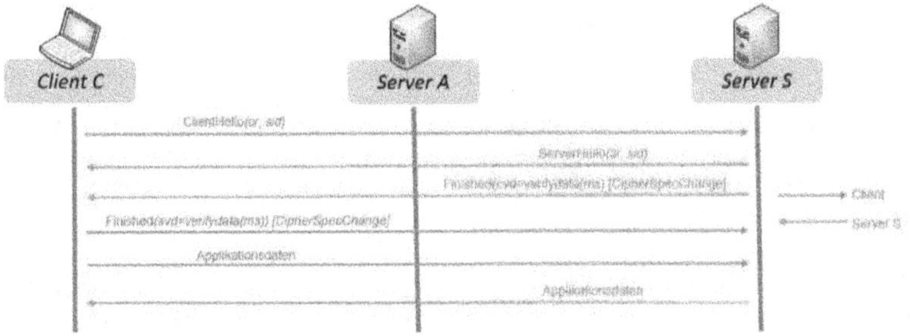

Quelle: Eigene Darstellung

Im dritten Schritt möchte S eine Neuverhandlung, um eine Clientauthentifizierung zu ver-
langen A leitet die Anfrage an C weiter und C authentifiziert sich nun bei A mit seinem
Client-Zertifikat. Das hat zur Folge, dass nun ein kompletter Neuverhandlungs-Hands-
hake auf beiden Verbindungen durchgeführt wird. A leitet dabei alle Nachrichten weiter.
Das Resultat ist ein erfolgreicher Handshake, da die erwarteten Werte für die Renegotiation Indication Extension auf beiden Seiten identisch sind.[76] Nach der Neuverhandlung
kennt A zwar nicht mehr die Session-ID und Master-Secret und kann deshalb keine Nachrichten mehr lesen und senden, jedoch können zuvor gesendete Nachrichten so vorbereitet
sein, dass sie Nachrichten nach der Neuverhandlung entsprechen. Außerdem kann A bei
einem Web-basiertem Angriff weiterhin in der Lage sein, Nachrichten zu lesen und zu
senden. Dies ist aufgrund der Same-Origin-Policy möglich, die die Kombination aus Protokoll, Host und Port in der URL definiert.[77]

Eine geeignete Gegenmaßnahme für diesen Angriff wäre das Master Secret an den voll-
ständigen Handshake zu binden und die Session Wiederaufnahme an den ursprünglichen
Handshake zu binden.[78]

---

[76] Vgl. miTLS (2014): Triple Handshakes Considered Harmful: Breaking and Fixing Authentication over TLS
[77] Vgl. Bhargavan, K., et al. (2014): Triple Handshakes and Cookie Cutters: Breaking and Fixing Authentication, S. 3–4.
[78] Vgl. Ray, et al. (2015): Transport Layer Security (TLS) Session Hash and Extended Master Secret Extension, S. 10–11.

## 5  Zusammenfassung und Fazit

Es wurde verdeutlicht, dass die Umsetzung des TLS-Konzeptes eines der wichtigsten Sicherungsmechanismen für den Datenverkehr in Netzwerken ist. Die Ausarbeitung hat die Themen von der Basis HTTP und dessen Authentifizierungsversuche, über das TLS Protokoll und ganz speziell den Handshake im Detail bis hin zu den möglichen Angriffen in der Praxis, erläutert.

TLS/SSL wurde bisher nicht geknackt! Ob ein Angreifer jedoch Daten abhören kann, hängt ganz entscheidend von der ausgehandelten Cipher-Suite zwischen Client und Server ab. Immer wieder kommt es zu Angriffen, die Schwächen von Algorithmen und deren Implementierung ausnutzen, deshalb ist es wichtig stets die neuste TLS-Version zu verwenden und nur die stärksten aktuellsten Algorithmen anzubieten. Diese steht mit der neuen TLS-1.2-Version zur Verfügung. Es ist auch schon eine TLS-1.3-Version im Entwurf, welche Anfang 2018 veröffentlicht werden soll. Dadurch kann das notwendige Maß an Sicherheit erzwungen werden, auch wenn deswegen ältere Clients auf der Strecke bleiben. Es ist wichtig ein Mittelmaß zwischen Sicherheit und Abwärtskompatibilität je nach Anwendungsszenario zu finden.

## 6  Ausblick

Es gibt ein altes Sprichwort, dass der National Security Agency (NSA) zugeschrieben wird: „Attacks always get better; they never get worse."[79] Leider ist dieses Sprichwort wahr, weshalb Sicherheitsangriffe immer nur eine Momentaufnahme wiederspiegeln. Daher wird es auch weiterhin noch komplexere Angriffsversuche auf die neuesten TLS-Versionen geben.[80] Es ist ein stetiges Wettrüsten zwischen Angreifer und Verteidiger, wobei der Verteidiger auch Aspekte wie die Effizienz, Einfachheit und Schnelligkeit der Lösung im Auge behalten muss. Es kann keine 100-prozentige Sicherheit, trotz neuester Sicherheitsentwicklungen, geben.

Das TLS-Protokoll ist trotzdem nach wie vor eine sehr gute Lösung für das sichere Kommunizieren zwischen Client und Server. Durch ständige Aktualisierungen des Protokolls,

---

[79] Sheffer, et al. (2015): Summarizing Known Attacks on Transport Layer Security (TLS) and Datagram TLS (DTLS), S. 2.
[80] Vgl. ebd.

welche durch neue RFC (Requests for Comments) Standards verfolgbar sind, kann es auch zukünftig sicher eingesetzt werden.

## Literatur- und Internetverzeichnis

### Literaturverzeichnis

Alpar, P., et al. (2013): Kommerzielle Nutzung des Internet, Berlin, Heidelberg: Springer, 2013.

Beutelspacher, A., Neumann, H., Schwarzpaul, T. (2009): Kryptografie in Theorie und Praxis, 2 Aufl., Wiesbaden: Springer Vieweg, 2009.

Bishop, M. (2003): Computer Security, Boston, Vereinigte Staaten: Addison-Wesley, 2003.

Dacosta, I., Ahamad, M., Traynor, P. (2012): Trust No One Else: Detecting MITM Attacks against SSL/TLS without Third-Parties. in: Computer Security - ESORICS 2012, Berlin, Heidelberg: Springer, S. 199–216.

Davies, J. (2011): Implementing SSL/TLS using cryptography and PKI, Hoboken, New Jersey: Wiley, 2011.

Dong, L., Chen, K. (2012): Cryptographic Protocol, Berlin, Heidelberg: Springer, 2012.

Fischer, S., et al. (2013): Open Security, Berlin, Heidelberg: Springer, 2013.

Goswami, S. (2003): Internet Protocols, New York: Springer US, 2003.

Gourley, D., et al. (2002): HTTP, Sebastopol, Kalifornien: O'Reilly Media, 2002.

Gupta, P. (2014): Cryptography and Network Security, New Delhi: PHI Learning, 2014.

Javvin Technologies (2005): Network Protocols Handbook, 2 Aufl., Saratoga, Kalifornien: Javvin Technologies Inc., 2005.

Kriha, W., Schmitz, R. (2008): Internet-Security aus Software-Sicht, Berlin, Heidelberg: Springer, 2008.

Kwiecien, A., Gaj, P., Stera, P. (2013): Computer Networks, Berlin, Heidelberg: Springer, 2013.

McClure, S., Shah, S. (2003): Web Hacking, Boston, Vereinigte Staaten: Addison-Wesley, 2003.

McKinley, H. (2003). McKinley, H.: SSL and TLS: A Beginners Guide.

Miller, M. (2010): TCP/IP - The Ultimate Protocol Guide, Irvine, Kalifornien: Brown Walker Press, 2010.

Oppliger, R. (2003): Security Technologies for the World Wide Web, Norwood, Massachusetts: Artech House, 2003.

Oppliger, R. (2016): SSL and TLS, 2 Aufl., Norwood, Massachusetts: Artech House, 2016.

Paar, C., Pelzl, J. (2016): Kryptografie verständlich, Berlin, Heidelberg: Springer, 2016.

Pérez, A. (2014): Network Security, Hoboken, New Jersey: Wiley, 2014.

Rhee, M. (2003): Internet Security, Hoboken, New Jersey: Wiley, 2003.

Ristić, I. (2015): Bulletproof SSL and TLS, London: Feisty Duck, 2015.

Schmeh, K. (2006): Cryptography and Public Key Infrastructure on the Internet, Hoboken, New Jersey: Wiley, 2006.

Schwenk, J. (2010): Sicherheit und Kryptographie im Internet: Von sicherer E-Mail bis zu IP-Verschlüsselung, Wiesbaden: Springer Vieweg, 2010.

Schwenk, J. (2014): Sicherheit und Kryptographie im Internet: Theorie und Praxis, 4 Aufl., Wiesbaden: Springer Vieweg, 2014.

Sorge, C., Iacono, L., Gruschka, N. (2013): Sicherheit in Kommunikationsnetzen, Berlin: De Gruyter, 2013.

Thomas, S. (2000): SSL and TLS essentials, New York: Wiley, 2000.

van Tilborg, H., Jajodia, S. (2014): Encyclopedia of Cryptography and Security, 2 Aufl., New York: Springer US, 2014.

**Internetverzeichnis**

Balasinor, A. (2013): SSL/TLS attacks: Part 1 – BEAST Attack. URL: http://niiconsulting.com/checkmate/2013/12/ssltls-attacks-part-1-beast-attack/, Abruf am 23.12.2017.

Bhargavan, K., et al. (2014): Triple Handshakes and Cookie Cutters: Breaking and Fixing Authentication. URL: http://ieeexplore.ieee.org/stamp/stamp.jsp?tp=&arnumber=6956559, Abruf am 28.12.2017.

Bundesamt für Sicherheit in der Informationstechnik (2017): Kryptographische Verfahren: Empfehlungen und Schlüssellängen. URL: https://www.bsi.bund.de/SharedDocs/Downloads/DE/BSI/Publikationen/TechnischeRichtlinien/TR02102/BSI-TR-02102-2.pdf?__blob=publicationFile, Abruf am 21.12.2017.

Chacko, A., et al. (2017): SSL Introduction with Sample Transaction and Packet Exchange. URL: https://www.cisco.com/c/en/us/support/docs/security-vpn/secure-socket-layer-ssl/116181-technote-product-00.html#anc7, Abruf am 18.12.2017.

Common Vulnerabilities and Exposures (2011): CVE-2011-3389. URL: https://cve.mitre.org/cgi-bin/cvename.cgi?name=cve-2011-3389, Abruf am 23.12.2017.

Common Vulnerabilities and Exposures (2014): CVE-2014-1295. URL: http://www.cve.mitre.org/cgi-bin/cvename.cgi?name=2014-1295, Abruf am 24.12.2017.

Dierks, T., Rescorla, E. (2008): The Transport Layer Security (TLS) Protocol Version 1.2. URL: https://tools.ietf.org/html/rfc5246#section-7.4.1.1, Abruf am 06.12.2017.

Green, M. (2014): Attack of the Week: Triple Handshakes (3Shake). URL: https://blog.cryptographyengineering.com/2014/04/24/attack-of-week-triple-handshakes-3shake/, Abruf am 24.12.2017.

Kemmerer, C. (2015): The SSL/TLS Handshake: an Overview. URL: https://www.ssl.com/article/ssl-tls-handshake-overview/, Abruf am 06.12.2017.

Kuhlemann, O. (2017): Electronic Code Book Modus. URL: http://kryptografie.de/kryptografie/ecb.htm, Abruf am 23.12.2017.

Leach, et al. (1999): HTTP Authentication: Basic and Digest Access Authentication. URL: https://tools.ietf.org/html/rfc2617, Abruf am 22.12.2017.

miTLS (2014): Triple Handshakes Considered Harmful: Breaking and Fixing Authentication over TLS. URL: https://www.mitls.org/pages/attacks/3SHAKE, Abruf am 24.12.2017.

Ray, et al. (2015): Transport Layer Security (TLS) Session Hash and Extended Master Secret Extension. URL: https://tools.ietf.org/html/rfc7627, Abruf am 24.12.2017.

Rescorla, E., et al. (2010): Transport Layer Security (TLS) Renegotiation Indication Extension. URL: https://tools.ietf.org/html/rfc5746, Abruf am 24.12.2017.

Santos, O. (2011): Beat the BEAST with TLS 1.1/1.2 and More. URL: https://blogs.cisco.com/security/beat-the-beast-with-tls, Abruf am 23.12.2017.

Sheffer, et al. (2015): Summarizing Known Attacks on Transport Layer Security (TLS) and Datagram TLS (DTLS). URL: https://tools.ietf.org/html/rfc7457, Abruf am 28.12.2017.

Vandeven, S. (2013): SSL/TLS: What's Under the Hood. URL: https://www.sans.org/reading-room/whitepapers/authentication/ssl-tls-hood-34297, Abruf am 06.12.2017.